VEHÍCULOS GiGANTES
Bibiloteca de la imaginación

NIVELADORAS

Jim Mezzanotte

GARETH**STEVENS**
PUBLISHING
A Member of the WRC Media Family of Companies

Please visit our web site at: www.garethstevens.com
For a free color catalog describing Gareth Stevens Publishing's list of high-quality books
and multimedia programs, call 1-800-542-2595 (USA) or 1-800-387-3178 (Canada).
Gareth Stevens Publishing's fax: (414) 332-3567.

Library of Congress Cataloging-in-Publication Data available upon request from publisher.
Fax (414) 336-0157 for the attention of the Publishing Records Department.

ISBN 0-8368-5989-8 (lib. bdg.)
ISBN 0-8368-5996-0 (softcover)

First published in 2006 by
Gareth Stevens Publishing
A Member of the WRC Media Family of Companies
330 West Olive Street, Suite 100
Milwaukee, WI 53212 USA

Editorial direction: Mark J. Sachner
Editor: JoAnn Early Macken
Art direction: Tammy West
Cover design and page layout: Kami M. Koenig
Photo editor: Diane Laska-Swanke
Picture researcher: Martin Levick
Translators: Tatiana Acosta and Guillermo Gutiérrez

Photo credits: Cover, pp. 7, 9, 11, 13, 15, 17, 19, 21 © Eric Orlemann; p. 5 Courtesy of Komatsu America Corp.

Printed in the United States of America

1 2 3 4 5 6 7 8 9 09 08 07 06 05

PORTADA: Una niveladora
Caterpillar realiza su trabajo.

Contenido

Las palabras del Glosario van en **negrita**
la primera vez que aparecen en el texto.

Empujar con fuerza

La función de una niveladora gigante es sencilla. Sirve para empujar. Las niveladoras se utilizan en **minas** y **canteras**. También ayudan a construir carreteras. Desplazan tierra, rocas y otras cosas. Son capaces de mover una enorme cantidad de material en poco tiempo.

Para desplazar cargas pesadas, las niveladoras gigantes necesitan mucha fuerza. También necesitan tener buena **tracción**. La mayoría de las niveladoras tienen **orugas** en lugar de ruedas. Las orugas penetran en el suelo. Una niveladora gigante tiene en la parte delantera una gran **pala** para empujar.

Las niveladoras deben ser resistentes y fiables. Trabajan muchas horas en todo tipo de clima.

Una niveladora gigante empuja rocas y tierra. Esta niveladora fue fabricada por Komatsu, una compañía japonesa.

Historia de las niveladoras

Las primeras niveladoras eran tablas de madera empujadas por caballos. A principios del siglo XX, aparecieron los **tractores** de orugas. Tenían orugas en vez de ruedas, y podían arrastrar y empujar. La gente empezó a poner palas en los tractores. ¡Había nacido la niveladora!

Al principio, las niveladoras eran tractores normales con palas. Después, algunas compañías comenzaron a fabricar máquinas especiales. Eran máquinas pensadas para nivelar. Las primeras niveladoras gigantes aparecieron en la década de 1950, pero eran pequeñas si las comparamos con las actuales. Los **ingenieros** las fueron perfeccionando. Las niveladoras se fueron haciendo cada vez más grandes. La gente necesitaba niveladoras gigantes para trabajos gigantescos. Hoy en día, las niveladoras gigantes se encargan de esas tareas.

Esta niveladora es la V-Con V220. Fue construida en la década de 1970, y es una de las mayores niveladoras. Sólo se fabricaron dos de este modelo.

V220

7

¿Orugas o ruedas?

Algunas niveladoras tienen orugas. Las orugas son unas cintas anchas formadas por placas de metal unidas como en una cadena. Estas cintas tienen unos salientes que penetran en el suelo. Dentro de las cintas giran unas ruedas metálicas, que hacen posible que las cintas se muevan. Este tipo de niveladora se llama de orugas.

Otras niveladoras tienen ruedas. Algunas de las niveladoras más grandes son de ruedas. Por lo general, se utilizan en minas. Se mueven con mayor rapidez que las niveladoras de oruga. Para girar, una niveladora se dobla por el centro. La parte anterior y la posterior van unidas por una gran bisagra.

La compañía LeTourneau construyó esta niveladora de ruedas. En el centro, puedes ver dónde se dobla. Tiene escalones para llegar al asiento del conductor.

¿Realmente grande?

Una compañía llamada Komatsu fabrica la niveladora más grande. Es una niveladora de orugas llamada Super Dozer. La Super Dozer pesa más de 150 toneladas — ¡más que cien autos pequeños! Su pala tiene 25 pies (8 metros) de ancho — ¡más ancha que algunas casas! Su altura es más del doble que la de la mayoría de los adultos. Por lo general, un auto lleva menos de 20 galones (75 litros) de **combustible**. Esta niveladora tiene una capacidad de más de 500 galones (1900 l).

Las niveladoras de ruedas también pueden ser enormes. Algunas pesan más de 100 toneladas. Sus ruedas tienen casi el doble de la altura de la mayoría de los adultos. Estas niveladoras tienen escalones para subir a la cabina.

La Super Dozer de Komatsu es la mayor niveladora del mundo. ¡Su enorme pala puede desplazar casi cualquier cosa!

Potentes niveladoras

Las niveladoras gigantes desplazan enormes pesos, y necesitan mucha potencia. Cuentan con grandes motores **diesel**. Son motores que usan combustible diesel en lugar de gasolina. Generan más de 1,000 **caballos** – más de cuatro veces la potencia de la mayoría de los autos.

Algunas niveladoras de ruedas tienen electromotores. Sus motores no hacen girar las ruedas, sino que producen energía para los electromotores. Cada rueda tiene su propio electromotor.

Grandes cilindros **hidráulicos** mueven las palas. Los cilindros son tubos. Dentro tienen otros tubos más pequeños, llamados pistones. Los pistones van unidos a las palas. Bombas empujan el aceite hacia arriba dentro de los cilindros. El aceite del interior de los cilindros empuja los pistones. Los pistones se deslizan y mueven las palas.

El motor de esta niveladora produce más de 1,000 caballos de potencia. Detrás de la pala puedes ver uno de los cilindros hidráulicos.

En la cabina

Las niveladoras se utilizan en lugares difíciles, pero sus cabinas son muy cómodas. Las cabinas aíslan del ruido. Disponen de calefacción y de **aire acondicionado**. La mayoría tienen asientos de colchón de aire. Los trabajadores deben permanecer dentro durante horas. ¡Trabajar en una cabina adecuada es mucho más agradable!

Las niveladoras no tienen volante. En su lugar, disponen de palancas y de **mandos de control**. Es posible que hayas utilizado un mando de control similar para tus juegos de video. Los mandos de las niveladoras funcionan de la misma manera, y controlan dónde va la niveladora. También controlan la pala. La pala se mueve hacia arriba o hacia abajo, y también puede inclinarse a ambos lados.

Dentro de la cabina de una niveladora hay muchos controles. ¡Pero no encontrarás un volante!

¿Qué hace una niveladora?

Algunas niveladoras se utilizan en obras de construcción. Desplazan la tierra para aplanar el suelo y nivelarlo. Cuando el suelo está nivelado, se pueden construir edificios o carreteras. Muchas niveladoras tienen unas garras en la parte trasera. Con ellas, levantan la tierra. Otras niveladoras mueven basura en los **vertederos**.

Las niveladoras también se utilizan en las minas a cielo abierto. Una mina a cielo abierto es un enorme agujero. Unas máquinas excavan en busca de **carbón** y otras cosas. Las niveladoras limpian el terreno alrededor de las excavadoras. Cuando se termina de excavar, hay que rellenar de nuevo el terreno. Las niveladoras también ayudan en esta tarea.

Esta niveladora fue fabricada por Caterpillar. Cuando termine su trabajo, el terreno estará nivelado.

Fabricantes de niveladoras

En la actualidad, sólo unas pocas compañías fabrican niveladoras gigantes. Komatsu es una de ellas. Es una compañía japonesa, y produce la mayor niveladora del mundo, la 575-A3 Super Dozer. También fabrica otras niveladoras de gran tamaño.

Caterpillar es una compañía de Estados Unidos que también fabrica grandes niveladoras. El nombre de esta compañía (que significa "oruga") procede de un antiguo tractor de oruga que recordaba en sus movimientos a este animal. Con el paso de los años, la compañía ha fabricado muchas niveladoras. Una de gran tamaño es el modelo D11, que mucha gente ha utilizado para trabajos difíciles. La compañía John Deere también fabrica grandes niveladoras.

Las niveladoras cuestan mucho dinero. ¡La Super Dozer de Komatsu supera el millón de dólares!

Un trabajador termina de pintar una niveladora Caterpillar nueva. Caterpillar produce niveladoras y otras máquinas de gran tamaño.

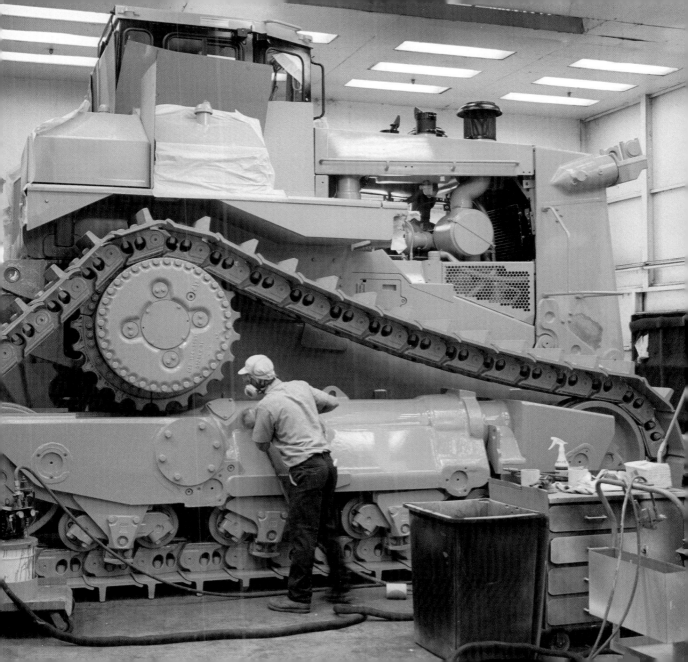

¡Vamos a manejar una niveladora!

Manejar una niveladora gigante requiere destreza y práctica. Por delante no es posible ver bien, porque la pala está en medio. Hay que "sentir" lo que la pala está empujando. Se necesita una formación especial. Para aprender, los conductores de niveladoras trabajan muchas horas. Las niveladoras gigantes pueden ser peligrosas. Hay que asegurarse de que no hay personas alrededor. En las cuestas hay que tener cuidado. ¡Podrías volcar!

Es tu turno de manejar una niveladora. Te subes a la cabina. Te aseguras de que la pala está abajo. Haces girar la llave, como en un auto. El motor ruge. ¡Toda esa potencia está en tus manos!

Manejar esta niveladora es un trabajo complicado. La gran pala dificulta la visibilidad. La niveladora desplazará toda esa tierra y esas rocas, pero ¡debes tener cuidado!

Más información

Libros

Camiones. Máquinas de viaje (series). Jason Cooper (Rourke)

Camionero. Esto es lo que quiero ser (series). Heather Miller (Heinemann)

Gigantes de hierro. Karen Wallace (DK Publishing)

Grandes camiones. Escalones (series). Angela Wilkes (Two-Can Publishers)

A Jaime José le gustan los camiones. Rookie Español (series). Catherine Petrie (Children's Press)

Máquinas grandes. Rookie Español (series). Melanie Davis Jones (Children's Press)

Páginas web

Las páginas web cambian con frecuencia, pero pensamos que las que incluimos a continuación van a durar. También puedes usar buenos buscadores como Yahooligans! (www.yahooligans.com) o Google (www.google.com) para buscar más información sobre vehículos gigantes. Algunas palabras clave que te ayudarán son *bulldozers, Caterpillar, equipos de construcción, John Deere, Komatsu, motores diesel, niveladoras de oruga y niveladoras gigantes.*

www.cat.com/cda/layout?m=3784 0&x=9&location=drop
Esta página web tiene fotografías de muchas máquinas Caterpillar, como excavadoras, cargadores y tractores. Haz click en una fotografía y luego elige el número de un modelo para obtener más información. Puedes aumentar el tamaño de las fotografías.

www.deere.com/es_MX/ag/produc tos/maquinarias/index.html
Esta página muestra tractores y otras máquinas de John Deere. Haz click en una fotografía y luego elige un modelo para obtener más información.

www.komatsueurope.com/home. cfm?lang_id=es
Esta página tiene fotografías e información sobre niveladoras, camiones basculantes, excavadoras hidráulicas y otra maquinaria de Komatsu. Haz click en una fotografía y luego elige un modelo para obtener más información.

www.liebherr.com/lh/es/594.asp
Visita esta página web para ver fotografías de productos Liebherr para muchas industrias. Haz click en "Minería" para ver excavadoras y camiones basculantes.

Glosario

Puedes encontrar estas palabras en las páginas que se indican. Leer una palabra dentro de una oración te ayuda a entender su significado aún mejor.

aire acondicionado: sistema que mantiene fresco un lugar cuando hace calor en el exterior. 14

caballo de potencia: cantidad de potencia producida por un motor, basada en el trabajo que puede realizar un caballo. 12

canteras: lugares de donde se extrae, con el uso de máquinas, la piedra que se usa para la construcción. 4

carbón: sustancia de color negro formada por antigua materia vegetal. El carbón es un combustible, y se usa con frecuencia en centrales de energía eléctrica. 16

combustible: algo que se quema para proporcionar energía. 10

diesel: tipo de motor y combustible que utiliza. La mayoría de los motores diesel son muy fiables. Por lo general, consumen menos combustible que los motores de gasolina. 12

hidráulico: relacionado con el uso de agua u otro líquido para mover algo. 12

ingenieros: personas que diseñan maquinaria. 6

mandos de control: palancas que se mueven hacia adelante, hacia atrás y a los lados para controlar una máquina. 14

minas: lugares de donde se extraen carbón, oro, plata y otros materiales. Algunas minas son túneles subterráneos. Otras son enormes agujeros o minas a cielo abierto. 4

orugas: cintas que abrazan una fila de ruedas para permitir el movimiento de una máquina. Una rueda en cada cinta hace que ésta gire. Algunas orugas son placas de metal unidas entre sí. Otras son tiras de goma. 4

pala: en una niveladora, la gran placa delantera de metal que sirve para empujar. 4

tracción: el agarre que algo tiene sobre una superficie. Para empujar cargas pesadas, una niveladora necesita buena tracción en el terreno. 4

tractores: vehículos capaces de arrastrar o empujar objetos. 6

vertederos: lugares en los que se depositan capas de basura y tierra. 16

Índice